AF310733

REVUE TRIMESTRIELLE

DE

DROIT CIVIL

COMITÉ DE DIRECTION :

A. ESMEIN
Membre de l'Institut
Professeur à la Faculté de droit
de l'Université de Paris;

Ch. MASSIGLI
Professeur à la Faculté de droit
de l'Université de Paris;

R. SALEILLES
Professeur à la Faculté de droit
de l'Université de Paris;

Albert WAHL
Doyen de la Faculté de droit
de l'Université de Lille.

EXTRAIT

DU CONTENTIEUX
DES
EMPRUNTS AMORTISSABLES
ÉMIS PAR LES SOCIÉTÉS
Par M. COTELLE

ABONNEMENT ANNUEL :
France, **20** francs; Étranger, **22** francs

LIBRAIRIE
DE LA SOCIÉTÉ DU RECUEIL GÉNÉRAL DES LOIS & DES ARRÊTS
FONDÉ PAR J.-B. SIREY, ET DU JOURNAL DU PALAIS
Ancienne Maison L. LAROSE et FORCEL
22, rue Soufflot, PARIS, 5e Arrond.
L. LAROSE & L. TENIN, Directeurs

DU CONTENTIEUX

DES

EMPRUNTS AMORTISSABLES

ÉMIS PAR LES SOCIÉTÉS

Par M. Cotelle,

Président honoraire à la Cour de cassation.

Le développement des voies ferrées qui, pendant la
seconde moitié du dernier siècle, a constitué pour toutes
les nations un de leurs plus impérieux besoins, nécessitait
un appel incessant aux capitaux sans que, pendant longtemps,
la masse du public se montrât très attirée vers ce placement
de fonds, qui du reste n'était pas mis suffisamment à sa portée. Cette gigantesque entreprise a trouvé en France son
plus puissant levier dans l'ingénieux système que les compagnies concessionnaires, s'inspirant de l'initiative prise
par d'autres grandes sociétés, ou leur donnant un exemple
bientôt suivi pour différentes industries, ont employé vers
1850, d'offrir à l'épargne la souscription d'emprunts divisés
en petites coupures égales entre elles, productives d'un intérêt inférieur aux conditions du crédit commercial, mais
remboursables avec une prime plus ou moins élevée, par
un amortissement progressif, au moyen de tirages au sort
échelonnés, d'après un calcul algébrique, de manière que
toute la dette fût éteinte dans un nombre d'années déter-

miné. On sait que le mode généralement adopté fut celui de titres émis à des taux voisins de 300 francs, assurant 15 francs de revenu fixe, et donnant droit à la somme de 500 francs dans le cours d'une longue période, sans qu'on ait jamais dépassé le terme de cent ans, considéré comme assigné par le droit en vigueur à la plus longue durée des contrats autres que ceux qui donnent naissance à la propriété ou aux servitudes.

L'extrême faveur avec laquelle fut accueillie cette combinaison l'a fait prendre en 1878 comme type d'un grand emprunt de l'État. Les pouvoirs publics l'ont autorisée pour de nombreux appels au crédit de la part des départements et des communes, et des lois spéciales ont permis, notamment à la ville de Paris, à la société du Crédit foncier et à la trop fameuse Compagnie du Panama, d'ajouter à l'attrait offert à tous du remboursement majoré, celui de lots dévolus par le hasard des tirages à un certain nombre de numéros favorisés.

I

Bien que, lorsque fut discutée la loi du 24 juill. 1867 sur les sociétés, les titres de cette nature, recherchés avec empressement par les rentiers, eussent déjà pris une place très importante dans une foule de portefeuilles, et particulièrement dans les plus modestes, ce qui rendait très désirable pour les obligataires la faculté de se grouper pour défendre en commun leurs intérêts similaires, en cas d'atteinte portée à leurs droits par leurs puissants débiteurs, il ne fut pris aucune mesure de protection pour eux, dans l'éventualité de luttes si inégales. Cet impérieux besoin, rendu plus sensible par l'expérience acquise, semblait devoir, par ce temps de syndicats à outrance, recevoir satisfaction dans les articles ajoutés à la loi de 1867 par celle du 1er août 1893. Il n'en a rien été et, pour l'honneur de la règle un peu vieillie que nul en France ne plaide par procureur, l'humble bénéficiaire de quelques minces coupures d'un gros emprunt reste réduit à ses propres forces s'il lui faut agir ou se défendre en justice contre des administrations ou des compagnies opulentes qui lui feront subir sans se rendre tous les degrés de juridiction.

Il est vrai que, d'une part, l'inconvénient ne se produit que pour les titres nominatits, ceux au porteur pouvant être remis dans les mains d'un mandataire collectif qui s'en prévaudra devant les tribunaux, comme en ayant lui-même la propriété ; que d'autre part, il résulte d'un arrêt de la chambre civile du 19 févr. 1884 (S. 86. 1. 65) que, par le programme de son emprunt qui fera loi entre les contractants, une société a le droit non seulement d'autoriser entre ses obligataires, mais encore de leur imposer une représentation collective et permanente, pour n'avoir pas, en cas de litiges, à plaider contre chacun d'eux individuellement. Enfin la loi du 1er juill. 1901 permettrait maintenant, entre souscripteurs d'un même emprunt, la formation d'une association aux mêmes fins ; mais les contingences qui les menacent sont susceptibles de surgir d'une manière trop inopinée pour leur laisser les moyens d'organiser ainsi la résistance à des mesures vexatoires ; et c'est d'une disposition de loi particulière que, réunis en un certain nombre, ils devraient tenir, comme les actionnaires l'ont reçu de l'article 17 de la loi de 1867, le moyen de se faire représenter ensemble à la barre des tribunaux pour plaider contre des personnes morales qui se sont parfois montrées si peu dignes de ce nom par l'âpreté de leurs procédés.

II

Il ne viendrait aujourd'hui à la pensée de personne qu'on ait pu contester le caractère licite d'opérations financières où tant de milliards devaient trouver emploi, au grand profit de la fortune publique et privée, et que des lois si nombreuses allaient viser, tantôt pour les grever d'impôts, tantôt pour les faire servir aux besoins de l'État, ou pour en assurer le succès en y attachant sa garantie.

On trouve là cependant, comme dans les assurances sur la vie ou dans d'autres créations nées des progrès de la science et de l'esprit d'association, un phénomène économi-

que certes fort éloigné de ce qu'avaient prévu les auteurs
de nos codes aujourd'hui centenaires; et dans les conflits
de prétentions qui ne pouvaient manquer d'en surgir, ç'a
été l'œuvre parfois ardue de la jurisprudence d'adapter les
principes du droit existant aux conséquences qu'il lui fallait
faire produire à ces emprunts.

III

Il est certain que, sous la réserve des dépendances du do-
maine public, telles que les chemins de fer, sur lesquelles
les concessionnaires ne sont investis que d'un droit d'exploitation temporaire qui ne leur permet pas d'en disposer,
les sociétés aussi bien que les particuliers peuvent affecter
par hypothèque leurs immeubles à la sûreté de leurs emprunts, ce qui a été spécifié pour les mines par l'article 21
de la loi du 21 avr. 1810.

Celle du 1er août 1893, effaçant une difficulté devant laquelle
s'était arrêtée la jurisprudence, a déclaré valable l'hypothèque consentie en forme authentique au nom d'une société
commerciale en vertu de pouvoirs résultant de son acte de
formation même sous seing privé, ou de délibérations cons-
tatées dans les formes réglées par ledit acte. Mais comment
concilier les prescriptions de l'article 2148 du Code civil, sur
les mentions que doivent contenir les inscriptions, notamment la désignation du créancier, avec le mécanisme d'un
emprunt mis en souscription publique, quant à la réalisation de l'hypothèque offerte aux obligataires pour la garantie de leur créance?

Dans une espèce où de nombreux souscripteurs s'étaient
formés en sociétés dont les directeurs avaient ensuite passé
avec les émetteurs de l'emprunt des actes d'affectation collective et avaient pris inscription dans l'intérêt commun des
adhérents à ces sociétés, la chambre civile a jugé le 3 déc.
1889 (S. 91. 1. 521) que, sans jouir de la personnalité
civile, ces groupements étaient valables, comme mandats,
pour toutes mesures à prendre en dehors des instances judi-
ciaires; et que par suite les hypothèques ainsi constituées

protégeaient les prêteurs dans l'intérêt desquels elles étaient prises.

Dans une autre affaire où la ville de Marseille, venderesse de terrains à la société des ports, était créancière du prix de la vente, et comme telle intéressée à l'émission des obligations au moyen desquelles ce prix devait être procuré à la société, la cour d'Aix a jugé, le 21 avr. 1879 (S. 79. 2. 313), que le maire avait pu stipuler l'hypothèque et la faire inscrire à la fois pour la ville elle-même et pour les souscripteurs de l'emprunt qui seraient subrogés dans ses droits.

Ce cas présentait beaucoup d'analogie avec celui où une maison de banque, prenant à forfait la totalité d'un emprunt pour en placer les titres dans sa clientèle, se ferait consentir l'hypothèque et la ferait inscrire tant à son profit qu'au profit des cessionnaires éventuels de ces titres, procédé qui défierait toute critique, puisqu'il y aurait un premier bénéficiaire désigné de manière qu'on pût lui faire les significations prescrites par les articles 2183 du Code civil, 691 et 753 du Code de procédure.

Mais lorsque l'offre de l'emprunt garanti par hypothèque est adressée directement au public, de ce que l'acte authentique exigé pour la concession de cette hypothèque n'est pas nécessairement bilatéral, l'acceptation pouvant ne s'y ajouter qu'ultérieurement et sans condition de forme (rejet 4 sept. 1867, S. 68. 1. 352); de ce que l'hypothèque peut être attachée à une ouverture de crédit et par conséquent à une créance qui n'existe pas encore; enfin de ce que cette garantie est susceptible de s'ajouter à une créance dont le titre est circulatoire, est-on en droit de conclure que le bénéfice de l'inscription ne doive pas reposer, au moment où elle est prise, sur la tête de personnes nominativement désignées, et qu'en vertu de la pollicitation faite aux preneurs des obligations émises, un tiers, se portant le gérant d'affaires des souscripteurs, soit reçu, même avant tout engagement de la part de ces derniers, à leur assurer un droit sur les immeubles en prenant inscription dans leur intérêt commun ? Telle était la tendance des auteurs (Lyon-Caen, t. II, n° 588; De Loynes, t. II, n° 1620), appuyée de considérations si pressantes qu'à la suite d'un pourvoi dont j'étais rapporteur à la Chambre des requêtes, la Cour de cassation n'a pas reculé devant l'effort nécessaire pour y céder.

Un établissement financier, dit l'office des rentiers, avait souscrit 3.000 obligations sur 4.500 émises par une compagnie minière, mais n'en conservait que 139, ayant cédé le surplus en nature de titres au porteur à ses clients, lorsqu'elle requit l'inscription de l'hypothèque consentie en forme authentique par les emprunteurs, tant pour elle-même que pour les propriétaires non dénommés des numéros dont elle s'était déjà dessaisie. La Cour de Paris n'admit pas que l'inscription fût susceptible de profiter à ceux-ci. Mais son arrêt a été cassé au rapport de M. le conseiller Crépon, le 20 oct. 1897 (*Revue des Sociétés*, de Vavasseur, 1898, p. 6), sans que la Chambre civile se soit basée sur l'intérêt au moins moral qu'avait l'office des rentiers à sauvegarder les droits de ses cessionnaires, n'ayant visé dans ses motifs que la liberté d'une gestion d'affaires, dont les demandeurs en cassation s'étaient chargés tant pour l'inscription elle-même que pour les suites qu'elle pourrait comporter, au point de vue de significations à recevoir en cas de purge ou de saisie. D'après cette doctrine très libérale, c'est seulement quand vient le moment de produire à l'ordre que les obligataires auraient à procéder individuellement pour obtenir collocation contributoirement entre eux, dans la mesure du nombre de titres appartenant à chacun.

IV

Les emprunts amortissables des sociétés se réalisent par l'émission d'obligations au porteur, forme qui, bien qu'autorisée spécialement pour les actions, par l'article 35 du Code de commerce et pour les chèques par la loi du 14 juin 1865, est reconnue, notamment par un arrêt des requêtes du 28 janv. 1891 (S. 91. 1. 256), pouvoir être employée pour toutes sortes d'engagements autres que les billets payables à vue dont la création est réservée à la Banque de France(1).

____

(1) Les titres d'obligations qu'on appelle nominatifs ne sont que des cer-

Mais la délivrance de ces titres dont le nombre ne répond
pas toujours à l'abondance des demandes, ce qui nécessite
un travail de répartition, est habituellement précédée par
un contrat synallagmatique entre la compagnie, fixant dans
un prospectus largement publié les conditions de l'opération
qu'elle propose, et des personnes déterminées qui, par leur
adhésion à ce programme, se soumettent à verser soit
immédiatement soit par fractions la somme moyennant laquelle elles auront droit au bénéfice des tirages et au service des intérêts promis.

Lorsque l'emprunteur est une société commerciale par
son objet, ou réputée telle par la loi de 1893, à raison de la
forme de sa constitution, à moins que le souscripteur ne
soit lui-même un banquier ou une compagnie d'assurances,
plaçant ainsi ses fonds pour le besoin de son négoce, cet
accord rentre, au double point de vue de la compétence et
des moyens de preuve, dans la classe des conventions
mixtes, pour lesquelles l'une des parties, tout en étant sou-
mise aux règles du droit commercial, peut voir invoquer
contre elle par l'autre partie la protection du droit civil. Il
répugnerait cependant à la nature des choses qu'on appli-
quât en cette matière l'article 1325 du Code civil. Le bulletin
de souscription, se référant d'une manière implicite à la
teneur du prospectus de l'emprunt, suffit à constater le contrat contre son signataire, comme le récépissé de ce bulletin
en fait foi contre la société. Par arrêt de la chambre civile du
9 déc. 1895 (S. 96. 1. 177), un souscripteur a été tenu pour
obligé par le bulletin qu'il avait signé ayant connaissance
du prospectus, encore que la clause invoquée contre lui pût
n'avoir pas été énoncée dans d'autres publications relatives

---

tificats constatant un dépôt de titres au porteur fait à la société débitrice
elle-même. Ce dépôt spécial diffère de ceux que reçoivent tous les banquiers,
en ce que l'entrée et la sortie des titres qui en sont l'objet donnent lieu à la
perception d'un droit fiscal de conversion, moyennant quoi les obligataires
ne sont pas soumis à la taxe annuelle qui grève le revenu des valeurs au
porteur pour tenir lieu des droits de mutation auxquels échappe leur trans-
mission de mains en mains. C'est par le moyen de ce dépôt que les titres
sont rendus nominatifs, dans les cas où ils doivent l'être, pour la conserva-
tion du patrimoine d'incapables ou de personnes morales.

au même emprunt. Mais, vis-à-vis d'une société de commerce, on devrait faire bénéficier un souscripteur d'obligations, commerçant ou non, de ce que la chambre des requêtes a décidé, quoique le point fût plus délicat, au profit d'un souscripteur d'actions (rejet, 25 oct. 1899, S. 1900. 1. 65), à savoir que l'article 1341 du Code civil ne l'empêche pas de faire valoir des présomptions à l'encontre de l'écriture qui lui est opposée comme faisant preuve de son engagement.

On ne voit guère sur quel fondement M. Lyon-Caen (t. II, n° 566) estime que, pour les obligations comme pour les actions, le lien de droit demeure subordonné, dans le silence du prospectus, à la condition du placement total de l'emprunt offert au public. Les deux situations sont très différentes. Faute de constitution intégrale de son capital, la société n'existe pas légalement et par suite elle ne saurait avoir des actionnaires; tandis qu'un emprunt d'argent n'est pas naturellement indivisible, à moins d'avoir été déclaré tel à raison d'une destination exigeant la réunion de capitaux d'un chiffre déterminé. Les sociétés ne peuvent ni s'attribuer à elles-mêmes des actions qui n'ont pas été souscrites ni les racheter avant qu'elles soient libérées, parce que ces titres représentent le fonds social, et que les sommes à recevoir de leurs preneurs forment un élément essentiel du crédit de la personne morale; tandis que rien ne s'oppose à ce qu'une compagnie réduise l'importance d'un emprunt qu'elle avait le dessein de contracter. Pour que les chances des tirages ne soient point modifiées par le fait qu'une partie des titres mis en souscription n'aurait pas été placée, il faut seulement que tous les numéros sans distinction soient mis dans l'urne, la société profitant des faveurs faites par le sort à ceux restés en sa possession.

Il n'y a pas lieu non plus d'appliquer aux obligations l'article 2 de la loi de 1893, interdisant de mettre au porteur les titres d'actions non libérées, ni l'article 3 de la loi de 1867, sur la responsabilité personnelle des souscripteurs d'actions. Ceux à qui des obligations ont été délivrées dans la forme au porteur ne demeurent tenus d'en verser le solde

qu'autant qu'ils ne se sont pas dessaisis de ces valeurs, sauf
toutefois que, suivant la doctrine d'un arrêt des requêtes
du 3 avr. 1883 (S. 85. 1. 199), ils sont présumés en conserver la propriété tant qu'ils ne justifient point les avoir
aliénés.

Au contraire les cessionnaires dont la compagnie n'a
point reçu la signature, ne se trouvent point liés envers elle
pour un engagement contractuel, mais seulement *ob rem*,
comme détenteurs des titres ; d'où la double conséquence
que d'une part la preuve de ce fait peut être fournie contre
eux par tous les moyens que permet l'article 1348 du Code
civil ; mais que d'autre part cette preuve doit porter sur une
possession actuelle, et non pas seulement sur ce qu'à un
certain moment, les titres sont constatés leur avoir appar-
tenu.

Une fois que les obligations ont été mises en circulation
sans que le montant en fût soldé, les obstacles presque in-
surmontables que rencontre l'exercice de l'action personnelle, même contre les débiteurs connus, à raison de leur
trop grand nombre, ne laissent aux sociétés que deux moyens
pratiques d'assurer la rentrée du solde du prix de ces titres ;
c'est de stipuler que faute de s'en acquitter dans les termes
convenus, les porteurs seront déchus de toute participation
aux tirages, ou que leurs numéros seront vendus en Bourse
à leurs risques et périls, la société devant se remplir sur le
prix de ce qui lui est dû et ne leur rendre compte que du
surplus. L'application de cette double sanction exige-t-elle
qu'une mise en demeure soit adressée aux retardataires la
plupart du temps ignorés et qui d'ailleurs forment légion ?

En ce qui concerne les actionnaires, comme les appels de
fonds qui leur seront adressés ne doivent pas en général se
produire à époques fixes, mais suivant l'éventualité des besoins de l'exploitation, les statuts ne manquent jamais de
prescrire un mode de publication implicitement accepté par
les intéressés comme devant suffire pour les avertir, ainsi
que la Cour de cassation l'a jugé le 10 mai 1859 (S. 59. 1.
924), et pour légitimer l'expropriation des titres sur lesquels
les versements ne sont pas effectués. Dans une espèce où,

les actions demeurant nominatives, leurs possesseurs avaient été sommés par lettres chargées de les libérer, et se plaignaient néanmoins de n'avoir point reçu la signification exigée préalablement à la vente du gage par l'article 93 du Code de commerce, il leur a été répondu, par un arrêt du 8 déc. 1891 (S. 92. 1. 62), que ce texte ne leur était point applicable, et que l'exécution subie par eux était régulière en tant qu'elle avait été suivie conformément au pacte social et aux usages de la Bourse. Pour ce qui touche les obligataires, les termes qui leur sont impartis pour s'acquitter étant déterminés à l'avance par le programme de l'emprunt, et mentionnés sur les titres qui leur sont délivrés, leur droit se trouve ainsi subordonné à une condition dont la défaillance entraîne par elle-même, en vertu de l'article 1176 du Code civil, la rupture du contrat formé entre eux et la compagnie (rejet, 27 avr. 1840, S. 40. 1. 728).

Vainement on a soutenu que la déchéance dont étaient menacés les retardataires avait le caractère soit d'une clause pénale exigeant une mise en demeure, en vertu de l'article 1230, soit d'un pacte commissoire auquel l'article 1656 ne permettrait pas de faire produire effet de plein droit, en dehors des ventes de denrées ou d'objets mobiliers pour lesquelles l'article 1657 dérogerait au droit commun. Sans s'arrêter à ces controverses, sur le point de savoir si c'est l'article 1656 ou l'article 1657 qui fait exception à la règle générale, la chambre des requêtes a dit, le 14 févr. 1872 (S. 72. 1. 321), que jusqu'à ce qu'il eût acquitté le montant total de sa souscription, le porteur des titres n'en avait pas acquis la propriété définitive, ce qui permettait à la compagnie de les vendre à d'autres pour s'en assurer le paiement. La théorie que cet arrêt ne faisait qu'esquisser s'est mieux précisée dans celui de la Chambre civile du 9 déc. 1895 (S. 1796. 1. 177), rejetant le pourvoi d'un obligataire du Crédit foncier, qui réclamait la délivrance d'un lot de 100,000 francs, dévolu à l'un de ses numéros sur lequel les termes échus n'avaient pas été versés. La Cour s'en est tenue à l'interprétation donnée aux accords des parties par les juges du fond, laquelle avait consisté à définir la condition

de paiement dans les délais convenus comme suspensive
des avantages attachés à la propriété des titres, de telle
sorte que la défaillance de cette condition dût produire son
effet de plein droit, sans mise en demeure. En tant qu'il
s'agissait d'un prêt, nous avons tous appris dans les Insti-
tutes que l'obligation de rendre ne se forme pour l'emprunteur que *re*, par la réception de la somme qu'il a demandée.
En tant qu'il s'y mêlait une spéculation aléatoire, il serait,
la raison suffit pour l'indiquer, tout à fait abusif qu'une
personne fût admise à bénéficier d'une loterie, sans avoir,
par la réalisation de sa mise, assumé les risques de perte
qui, dans une telle opération, sont la contrepartie nécessaire de l'espérance de gain.

Cette doctrine est la même sur laquelle sont basés, en
matière de primes d'assurances, des arrêts des 27 juin 1855
(S. 56. 1. 42), 16 juill. 1872 (S. 73. 1. 383) et 20 avr. 1887
(S. 87. 1. 382).

V

J'ai parlé de loterie : la baisse progressive de la valeur de
l'argent s'est tellement accentuée de nos jours, que même
dans les simples emprunts à prime, dont l'amortissement
doit rendre une somme égale à tous les porteurs de titres,
ceux dont les numéros ont été appelés les premiers, il y a
cinquante ans, ont dû au hasard un grand privilège par rapport à la masse, à laquelle les tirages sont devenus depuis
si peu profitables que, dans nombre de cas, les cours de
vente dépassant le pair, on en est arrivé à s'assurer contre
le risque du remboursement.

On n'a cependant jamais considéré comme loteries néces-
sitant l'autorisation d'une loi spéciale pour déroger à celle
du 21 mai 1836, que les combinaisons par lesquelles un nombre nécessairement restreint de numéros doit être favorisé
de lots excédant le taux d'amortissement des autres (Ch.
crim., 14 janv. 1876, S. 76. 1. 433).

Des banques interlopes s'étant évertuées à capter par cet
appât les plus minimes épargnes, en le plaçant à leur portée
au moyen d'expédients féconds surtout en déceptions pour

ceux qui s'y laissaient prendre, la jurisprudence avait le devoir de réagir contre cet abus. La Chambre criminelle a décidé que, dans chaque autorisation d'emprunt à lots émanée des pouvoirs publics, les conditions fixées avaient pour objet de maintenir aux prêts le caractère d'un emploi de fonds sérieux résultant du chiffre de chaque mise et du revenu qui y est attaché en sus de la chance des tirages ; que par conséquent il est interdit aux intermédiaires, comme aux émetteurs eux-mêmes, de modifier ces conditions soit en fractionnant les parts (arrêts des 10 févr., 24 mars, 10 mai 1866, S. 66. 1. 340), soit en les négociant avec des délais de paiement pendant lesquels le droit aux lots éventuels serait séparé du droit aux intérêts, ou bien encore avec l'offre d'une prime, si l'obligation venait à être amortie sans lot, avant que son acquéreur se fût complètement libéré (Cass., 8 juill. 1882, S. 83. 1. 233 ; rejet, 31 janv. 1885, S. 85. 1. 240).

La Chambre civile s'est prononcée dans le même sens par trois arrêts des 6 janv. 1885, 2 févr. et 10 mai 1887 (S. 88. 1. 57), permettant seulement la vente à tempérament, quel qu'en soit le prix, pourvu qu'il n'y ait division ni du titre, ni des droits attribués à sa propriété (Cass., 11 déc. 1888, S. 89. 1. 112 ; 14 janv. 1902, S. 1903. 1. 134), comme la Chambre criminelle aussi l'a concédé le 6 juin 1888 (S. 88. 1. 485), malgré les inconvénients de ce commerce qu'une loi du 12 mars 1900 a eu pour objet de limiter.

Il résulte enfin d'arrêts des 14 mars 1894 (S. 94. 1. 393) ; 26 juin 1894 (S. 98. 1. 511) ; 4 févr. 1896 (S. 97. 1. 269) et 20 avr. 1900 (S. 1900. 1. 346) que, malgré les formules équivoques dont peut s'être entourée la rédaction des actes, le titre laissé dans les mains du vendeur à tempérament jusqu'à la libération de l'acheteur y reste avec le caractère d'un gage, sous la protection des articles 2078 du Code civil et 93 du Code de commerce, quant aux conditions dans lesquelles le créancier peut en disposer ou se l'approprier.

VI

Certaines compagnies, après avoir subvenu à la dépense de leurs travaux par des emprunts amortissables, ont cessé d'en payer les intérêts et de vaquer au remboursement des obligations par voie de tirages, les unes parce que l'échec de leur spéculation ne leur en laissait pas les moyens ; d'autres parce que, ne consultant que l'avantage de leurs actionnaires, elles avaient cédé leur exploitation à des tiers, sans prendre le souci de stipuler que ces derniers se chargeraient de pourvoir à l'exécution de leurs engagements.

Quand la société tombe en faillite, on ne saurait dire des obligataires, comme la Cour de cassation le juge pour les actionnaires, qu'ils perdent le bénéfice du terme stipulé pour la libération de leurs titres : mais il n'existe aucune disposition légale en vertu de laquelle les obligataires qui n'ont pas complété leurs versements, soient dispensés de le faire par la faillite des emprunteurs, sauf à déduire du montant de leur dette le dividende auquel ont droit ceux dont les titres sont entièrement libérés.

Pour quelle somme ces derniers seront-ils admis au passif de la faillite? La jurisprudence a caractérisé la cause de leur créance comme tenant à la fois du prêt et d'un contrat aléatoire, le bénéfice éventuel des tirages étant compensé pour eux par la modicité des intérêts dont le plus grand nombre avait la perspective de se contenter au cours d'une longue période, pendant laquelle la baisse de la valeur des capitaux, et mille autres contingences très différentes des risques assumés dans les prêts ordinaires, pouvaient compromettre ou rendre moins fructueux le remboursement majoré qui leur avait été assuré. De cette conception exprimée dans un arrêt du 10 août 1863 (S. 63. 1. 428), au rapport de l'éminent conseiller Laborie, la Cour de cassation a conclu, vis-à-vis de la faillite de la compagnie de Greissessac, que, si la production des obligataires ne pouvait être ramenée au chiffre de la somme fournie par eux aux emprunteurs, il n'y avait pas lieu cependant de l'admettre pour la totalité du remboursement majoré qui leur avait été promis ; qu'au regard des autres créanciers, ils n'avaient droit, en sus du prix d'émission, qu'aux intérêts courus jusqu'à la déclaration de faillite, et à une indemnité représentative de la plus-value acquise à leurs titres par le degré d'avancement auquel était parvenu l'amortissement de l'emprunt.

Au contraire, vis-à-vis de la Compagnie des chemins nantais, qui, par l'abandon de sa concession, s'était mise volontairement dans l'impossibilité de poursuivre cet amortissement, des arrêts de cassation des 10 mai 1884 (S. 82. 1. 17), 6 janv. 1885, 2 févr. et 10 mai 1887 (S. 88. 1. 57) ont décidé qu'en leur qualité de créanciers chirographaires, les porteurs d'obligations n'étaient pas fondés à réclamer des garanties qui ne leur avaient pas été concédées par le contrat; que spécialement il ne leur appartenait pas de faire ordonner, en vertu de l'article 1978, l'emploi d'un capital suffisant pour le service de l'amortissement qui leur était dû, parce que ce droit n'était attribué par la loi qu'aux bénéficiaires d'une rente viagère; mais qu'ayant dû compter sur la continuation de l'exploitation pour assurer la réalisation de la prime qui leur était offerte, ils étaient dans le cas de demander à leur choix, soit la résolution du contrat avec dommages-intérêts en vertu de l'article 1184, soit en vertu de l'article 1188 la déchéance du terme, c'est-à-dire leur remboursement au taux fixé par la convention.

Lorsqu'il y a des dommages-intérêts à liquider, un arrêt des requêtes du 28 janv. 1884 (S. 86. 1. 465) a décidé que les cessionnaires de titres étaient aux droits des souscripteurs, quels qu'eussent été la date et le prix de leur acquisition.

Une application intéressante de ces principes a été faite récemment contre la Compagnie des chemins de fer du Rhône, qui, s'étant, elle aussi, dessaisie volontairement de son exploitation, par un marché qu'elle jugeait favorable à ses actionnaires, prétendait que les porteurs des obligations qu'elle avait émises eussent à se contenter d'une indemnité très inférieure aux cours de vente auxquels s'étaient élevés ces titres à la veille de la conclusion du traité qui les frappait de discrédit. Des procès engagés à ce sujet devant des juridictions diverses aboutirent notamment à deux arrêts l'un de Lyon du 13 mars 1900, qui, déclarant la société déchue du bénéfice du terme, la condamnait à rembourser

ses obligations au prix de 500 francs ; l'autre de Paris, du
5 déc. 1904, prononçant la résiliation du contrat, avec
dommages-intérêts fixés à 475 francs. La Chambre des
requêtes, où, comme rapporteur du pourvoi formé contre
cette seconde décision, j'en proposais le rejet, ayant cru
devoir, à raison de cette divergence, renvoyer les deux dé-
bats à l'examen de la Chambre civile, celle-ci a, par des arrêts
du 20 juill. 1904, déclaré que, dans l'état des conclusions
prises devant eux, les juges de Paris s'étaient conformés à
l'article 1184, et que ceux de Lyon de leur côté avaient dé-
duit à bon droit des faits de la cause que la Compagnie était
tenue, comme si le terme était expiré, de payer la valeur
nominale de chaque titre.

Etant donné que cette jurisprudence a sanctionné les
émissions basées sur la promesse de remboursement majoré,
par le motif que la longue durée du contrat le distinguait
d'un simple prêt dans lequel l'obligation de l'emprunteur ne
pourrait, en vertu de l'article 1892, excéder la somme qu'il a
reçue, il ne semble pas que le reproche d'usure pût être en-
couru par une combinaison différente qui ferait consister
l'avantage offert aux bailleurs de fonds dans une bonifica-
tion d'intérêts.

La question du reste n'existe plus, depuis la loi du 12 janv.
1886, pour les engagements des sociétés de commerce : mais
deux arrêts de la Chambre civile l'avaient déjà résolue
le 18 avr. 1883 (S. 83. 1. 364) dans le sens de la liberté du
taux des intérêts.

VII

Lorsqu'une prétendue société a fonctionné comme telle,
et notamment contracté des emprunts, sans remplir les for-
malités légales desquelles dépendait sa constitution, c'est
néanmoins une société de fait dont l'actif doit répondre de
ses engagements, sans que la nullité soit opposable par
ses adhérents aux tiers qui lui ont fait crédit (art. 7, 41, 56,
loi de 1867). Ces tiers ont de plus une action en responsabilité solidaire tant contre les fondateurs à qui la nullité est
imputable, et contre les administrateurs en fonctions au

moment où elle a été encourue, que contre ceux des associés dont les apports n'ont pas été dûment vérifiés et approuvés. Mais le recours qui, d'après l'article 41, tendait à faire supporter aux individus entrant dans ces catégories la charge du passif total de l'entreprise, ne vise plus, d'après l'article 5 de la loi de 1893, qu'à la réparation du dommage résultant de la nullité de la société dont le vice peut avoir été couvert par le bénéfice de l'article 3 de la même loi (Cass., 10 nov. 1897, S. 97. 1. 595).

Si la société légalement constituée ne satisfait pas à ses engagements, les membres qui y figurent en nom collectif ou comme gérants de commandite sont seuls tenus personnellement de son passif. Les membres du conseil de surveillance, administrateurs et autres mandataires ou préposés d'une société anonyme ne le sont point s'ils n'ont à se reprocher aucune faute qui leur soit propre; mais leur responsabilité se trouve au contraire assurée aux obligataires s'ils ont induit ces derniers à souscrire ou à acheter leurs titres soit par des agissements tels que la distribution de dividendes fictifs, soit par des publications fallacieuses de nature à tromper le public sur les ressources, la prospérité présente et les perspectives d'avenir de la société.

Un arrêt de cassation du 18 mars 1891 (S. 94. 1. 70) a reconnu passible de cette responsabilité, le sieur H..., entré en fonctions de président d'un conseil d'administration postérieurement à l'émission de l'emprunt argué de fraude, par cela seul que, n'ignorant pas le caractère mensonger du prospectus de cet emprunt, souscrit mais non réalisé, il s'était abstenu de le dévoiler aux intéressés, qui, mieux informés, n'auraient pas continué leurs versements.

C'est la responsabilité délictuelle, résultant des articles 1382, 1383 du Code civil : quant à la responsabilité contractuelle, ayant pour cause des actes non pas de fraude, mais de mauvaise gestion, tels que les prévoit l'article 1991, en tant qu'ils ont entraîné une déperdition de l'actif social et par conséquent du gage des créanciers, M. Lyon-Caen professe (t. II, nº 824 *bis*) que les administrateurs n'en sont tenus qu'envers les actionnaires dont ils tiennent leurs fonctions et qu'il n'appartient pas aux obligataires de l'invoquer, si ce n'est par action oblique, comme exerçant en vertu de l'article 1166 les droits de la personne morale leur débitrice; d'où la conséquence que les administrateurs pourraient se prévaloir contre eux d'une décharge parfois trop facilement obtenue de la société.

Sans méconnaître que cette thèse ne repose sur un raisonnement très spécieux, il est intéressant de relever dans la jurisprudence une conception plus large qui paraît s'accorder mieux avec les intérêts généraux si fortement engagés dans les appels faits au crédit par les grandes sociétés.

Se référant, il est vrai, au régime qui soumettait la formation des sociétés anonymes à la sanction du Gouvernement, un arrêt des requêtes du 13 janv. 1869 (S. 69. 1. 209) avait dit que leur organisation, régie par des statuts contrôlés par l'autorité publique, était destinée à sauvegarder non seulement les intérêts des actionnaires, mais encore *ceux des tiers* qui contractent avec la collectivité; que par suite, les tiers lésés soit par *un défaut de surveillance*, soit par *toute autre faute* imputable au conseil d'administration peuvent intenter une action contre les administrateurs et les censeurs.

Sous l'empire de la loi de 1867, l'arrêt de cassation au rapport de M. le conseiller Greffier du 18 mars 1891 (S. 94. 1. 70) a répété que les administrateurs d'une société anonyme ne sont pas responsables seulement envers les actionnaires des *fautes commises dans leur gestion :* qu'ils le sont également envers les tiers dont ils ont trompé la confiance et *blessé les intérêts.*

C'est du même principe que la Chambre des requêtes s'est inspirée le 28 févr. 1884 (S. 86. 1. 465) pour déclarer responsables envers les obligataires certains membres d'une société minière qui, chargés de procéder à sa liquidation, en avaient réparti l'actif entre les actionnaires, sans prendre le soin d'assurer le remboursement de ses emprunts.

La distinction faite par le savant auteur entre les deux causes de responsabilité semble donc assez fragile, et se réduirait, en pratique, à ce que, sur une articulation de dol ou de fraude, la Cour de cassation respecte comme souveraine la qualification donnée aux faits par les sentences qui lui sont déférées (rejet, 24 déc. 1886, S. 87. 1. 117), tandis qu'elle soumet à son examen l'imputabilité des actes relevés dans le caractère de simples fautes commises sans mauvaise foi.

On ne voit guère, au surplus, pourquoi les obligataires ne seraient pas reçus à procéder directement contre un administrateur convaincu d'avoir compromis leur gage par l'oubli des devoirs attachés au mandat qu'il avait reçu de la société, lorsqu'une longue série de décisions approuvées par M. Lyon-Caen (n° 473) attribue aux créanciers d'une société faillie cette action directe contre les commanditaires et actionnaires en demeure de remplir leurs engagements envers la personne morale à laquelle ils ont adhéré. Le devoir pour les actionnaires de compléter le versement de leur mise découle du fait contractuel de leur souscription, de même que le devoir de surveillance imparti aux membres du conseil ne résulte pour eux que du lien contractuel formé par l'acceptation de leur mandat; mais vis-à-vis des uns comme des autres, il y a eu stipulation implicite tant au profit de la société qu'au profit des tiers qui en acceptent virtuellement le bénéfice en faisant crédit à la collectivité sur la foi de cette double garantie donnée à leurs intérêts par les statuts et par la loi. Dans les deux cas, encore que la responsabilité tant des souscripteurs d'actions que des administrateurs ait sa source dans des conventions formées entre eux et la personne morale, ces accords donnent ouverture de la part des créanciers de la société à une action qui leur est propre, en vertu de l'article 1121 du Code civil, et ne peut être paralysée comme celle des associés par un vote de l'assemblée générale, parce que à la différence des actionnaires, les créanciers ne sont pas soumis à l'autorité des délibérations de cette assemblée.

VIII

Les obligations au porteur sont nécessairement soumises à la règle qu'en fait de meubles, possession vaut titre : mais au point de vue de la responsabilité de ceux qui les détienment pour autrui, ce sont, lorsqu'il a été gardé trace de leurs numéros, des corps certains et non des choses fongibles, puisqu'à ces numéros peuvent être attachés des vices propres donnant lieu de les frapper d'opposition, ou des droits particuliers résultant de l'amortissement par tirages au sort. Il a été jugé par la Chambre des requêtes, le 14 mars 1877 (S. 78. 1. 5), que bien qu'obtenus au prix d'un sacrifice sur la quotité du revenu, les lots et primes dévolus par le hasard de ces tirages n'étaient qu'une transformation du capital dont l'usufruitier ne devait profiter que pour la jouissance, à la charge d'en rendre compte au nu propriétaire lors de l'extinction de l'usufruit. Par conséquent, sous le régime de la communauté d'acquêts, chaque époux conserve la propriété des obligations même au porteur qu'il apporte ou qui lui adviennent par succession ou donation, lorsqu'elles ont été individualisées par la mention de leurs numéros dans les contrats de mariage, inventaires ou actes de libéralité, sans préjudice des autres moyens de preuve que l'article 1504 interdit au mari, mais dont l'emploi est permis à la femme vis-à-vis de lui, bien qu'ils ne soient pas opposables aux créanciers (Cass., 15 mars 1899, S. 1900. 1. 113).

Si donc il survient pendant la durée de la communauté soit une perte résultant de faillite de la société débitrice, soit un amortissement avantageux ou non, les risques et profits en seront pour l'époux apporteur dont la reprise sera de la somme encaissée par la communauté.

Au point de vue des rapports entre héritiers, on appliquerait l'article 868 du Code civil, d'après lequel les meubles sont rapportables en moins prenant, sur le pied de leur valeur lors de la donation qui en a été faite, ce qui laisse toutes les contingences ultérieures à la charge ou au bénéfice du successible gratifié.

Au contraire, pour le calcul de la quotité disponible, et par conséquent aussi pour l'exercice de l'action en réduction, l'article 922 prescrit de faire état de la valeur des biens donnés au moment du décès du *de cujus*, de manière que la consistance de la réserve soit la même que s'il n'avait été rien distrait de son patrimoine par ses libéralités. Il faut en conclure que le donataire d'obligations qui aura soit essuyé une faillite des débiteurs, soit au contraire réalisé des lots ou primes, sera comptable du capital ainsi diminué ou augmenté qu'il aura encaissé.

Mais que décider lorsqu'avant la survenance de la faillite ou de l'amortissement, les titres auront été aliénés, à la faveur de leur forme au porteur, par l'usufruitier sans le consentement du nu propriétaire, par le mari sans le concours de sa femme à qui ils appartenaient, ou par le donataire plus tard actionné en réduction ?

Pour ce qui concerne l'usufruitier, comme, en disposant de la chose d'autrui qui lui est confiée pour en jouir, il commet un délit, il ne me répugne pas d'admettre qu'il doive en subir les conséquences par l'obligation de mettre le nu propriétaire, quoiqu'il lui en coûte, dans la même condition que si les titres avaient été conservés pour lui être rendus à l'expiration de l'usufruit.

Quant au mari, puisque, contrairement à l'opinion très sérieuse d'Aubry et Rau (t. V, n° 458) des arrêts de rejet du 4 août 1862 (S. 62. 1. 935) et de cassation du 17 déc. 1872 (S. 72. 1. 421) lui ont dénié le droit d'aliéner seul les propres mobiliers de sa femme, on ne saurait admettre que, lorsque parmi ces propres figurent des titres nominatifs, il lui soit loisible de les convertir en titres au porteur, ce que l'article 10 de la loi du 27 févr. 1880 considère comme exigeant de la part d'un tuteur les mêmes conditions de capacité que l'aliénation; mais à l'égard des valeurs de bourse qui ont été remises au mari dans la forme au porteur, bien qu'un arrêt de la Chambre criminelle du 10 juill. 1885 (S. 85. 1. 514) ait refusé de les assimiler à des marchandises, il paraît difficile de contester que le pouvoir d'administration, en ce qui les concerne, implique virtuellement celui de les négocier à fin de profiter d'un mouvement de hausse ou d'y substituer un placement jugé soit plus sûr soit plus fructueux. J'incline donc à penser que la vente opérée par le mari ne donne pas lieu pour la femme à une autre reprise que celle du prix qu'elle a produit.

J'en dis autant pour le donataire, investi d'une manière

encore plus certaine du droit de disposer des titres dont il a été gratifié. Comprendrait-on que, pour avoir cédé au besoin de se défaire d'une coupure d'emprunt d'un trop faible revenu ou de valeurs considérées alors comme douteuses, le mari au regard de sa femme ou le donataire au regard des futurs héritiers à réserve de son bienfaiteur, restât pendant de longues années sous le coup de recours écrasants soit par l'effet d'un relèvement inespéré des cours, soit sous le prétexte d'un gros lot que le titre viendrait à gagner après avoir changé dix fois de mains, sans que lui-même en eût tiré aucun profit? Ces hypothèses ayant été parfaitement en dehors des prévisions de l'article 922 du Code civil, il est bien difficile de penser qu'en pareil cas, la valeur à retenir pour le calcul de la quotité disponible ou des reprises de la femme soit supérieure au prix de vente dont le donataire ou le mari se sera enrichi; à moins d'en revenir à la règle de l'article 868, qui était observée dans l'ancien droit pour la réduction comme pour le rapport, tandis que la différence des deux régimes forme dans notre Code une assez étrange anomalie.

IX

Les rentes constituées en perpétuel, c'est-à-dire sans durée limitée et sans que le créancier des arrérages puisse jamais réclamer son capital, sont essentiellement rachetables par le débiteur, dont le droit à cet égard ne peut même être suspendu par la convention pour plus de dix ans, si la rente est le prix de l'aliénation d'une valeur mobilière, et de trente ans, si elle forme le prix de vente d'un immeuble. Les émetteurs d'un emprunt amortissable ne constituent pas une rente au profit de leurs souscripteurs, mais une créance à terme. Le bénéfice de ce terme peut leur être retiré dans les cas prévus par l'article 1188. Dépend-il de leur volonté d'en priver de leur côté les porteurs de titres, en imposant à ceux-ci l'alternative de se soumettre à une réduction du taux des intérêts ou d'accepter le remboursement du principal au pair, en dehors de l'économie des tirages successifs qui ont été prévus dans le tableau d'amortissement?

Il y a là-dessus matière à des distinctions.

Disons tout d'abord que la faculté de remboursement anticipé ne saurait être contestée aux administrations ou aux sociétés qui se la sont réservée par une clause expresse de leurs contrats.

Ajoutons qu'en l'absence d'une telle stipulation, il est tout aussi manifeste qu'un emprunt à lots n'est pas susceptible d'être éteint par anticipation, puisque le remboursement au pair frustrerait les obligataires des chances aléatoires qu'ils ont poursuivies au prix d'un sacrifice de revenu lorsqu'ils ont engagé leurs économies dans ce genre de placement.

Il faut faire exception pour le Crédit foncier, dont les statuts, sanctionnés par un décret du 26 juill. 1882, exigent que la dette de la société envers ses obligataires n'excède jamais le montant des créances résultant de prêts en cours qui en forme le gage; d'où la conséquence, dit M. Josseau (t. I, n° 407), que chaque année le conseil d'administration décide, pour le maintien de cet équilibre, l'amortissement d'un nombre de titres correspondant aux disponibilités produites par des remboursements anticipés de prêts hypothécaires ou communaux. Mais, ainsi qu'on le soutenait à l'appui d'un pourvoi qui fut admis par la Chambre des requêtes, le 8 juill. 1901, il incombe au Crédit foncier de justifier de cette réduction de ses créances à laquelle doit être proportionnée la quantité d'obligations qu'il entreprend d'éteindre. En donnant à cette opération une plus grande étendue, il ferait grief aux droits des porteurs d'obligations à lots, à moins de s'être réservé, par le contrat passé avec eux, la faculté de les rembourser au pair à sa volonté. De plus, pour leur offrir le choix de recevoir leur capital, ou de voir le service de l'emprunt se poursuivre avec un taux d'intérêts moins élevé, il lui faudrait avoir obtenu des pouvoirs publics une nouvelle autorisation quant à la loterie dont les conditions premières se trouveraient ainsi modifiées.

Dans deux articles du journal *Le Rentier* (17 déc. 1904 et 7 janv. 1905), M. Neymark propose un autre type d'emprunt, dans lequel la dotation annuelle de l'amortissement serait employée non plus en lots ou primes majorant le capital des titres appelés au remboursement, mais au contraire en majorations successives des intérêts pour les titres restant à rembourser, à mesure que leur nombre serait réduit par le progrès des tirages au sort. Dans ce système encore il est manifeste que le bénéfice du terme serait acquis aux prêteurs, qui ne pourraient en être spoliés à la convenance des emprunteurs.

Pour ce qui est des emprunts amortissables par tirages au sort, avec une prime égale pour toutes les unités participant à ces tirages, le droit de les éteindre par un remboursement anticipé entraînerait virtuellement la faculté de profiter de l'état et des circonstances du marché pour entreprendre avec des disponibilités peu importantes la conversion de ces emprunts. Mais les prêteurs peuvent-ils être privés des avantages du terme qui, sauf l'éventualité de la sortie de leurs numéros, a été stipulé pour la durée de leur placement? Est-il juste et vrai de dire que les souscripteurs n'aient spéculé que sur la réalisation plus ou moins prochaine de la prime, et qu'en recouvrant plus tôt qu'ils ne s'y attendaient leur capital majoré de cette prime, ils recueillent, quelque difficile que soit devenu pour eux le remploi de leurs fonds dans les mêmes conditions de revenu, tout l'avantage qu'ils se sont promis de leur opération?

C'était une opinion si bien établie que le respect du délai d'amortissement annoncé s'imposait aux émetteurs, que les Compagnies d'Orléans et de Paris-Lyon-Méditerranée en 1852 et 1857, et le Gouvernement lui-même, dans un décret du 25 oct. 1870, ont jugé nécessaire de se réserver par une clause expresse la liberté d'y déroger pour les emprunts contractés alors; et que dans l'exposé des motifs de la loi du 11 juin 1878, autorisant la première émission de rentes amortissables, il a été spécifié que cette valeur était calquée, comme type et délai d'amortissement, sur les obligations de chemins de fer; que par suite elle ne serait point convertible. A la vérité, cela n'a pas empêché que, dans son omnipotence, une loi du 26 déc. 1890 ordonnât le remboursement immédiat d'obligations du Trésor public émises en 1876 comme ne devant être amorties que par des tirages échelonnés sur une période de trente années. Puis, sous le couvert de ce précédent auquel avait résisté sans succès la commission du budget, exposant ses scrupules juridiques par l'organe de son rapporteur M. Poincaré, une seconde loi du 26 déc. 1892 a de même affranchi l'État du maintien des délais convenus pour l'acquittement de sa dette envers la société algérienne, au risque de faire péricliter le service d'obligations émises par cette compagnie pour réunir le capital dont elle avait fait l'avance au Trésor.

En dehors de ces coups d'autorité non susceptibles de recours par la voie contentieuse, ainsi que l'a jugé le Conseil d'État, le 7 déc. 1894 (S. 96. 3. 89), plusieurs emprunts de sociétés ont été convertis sans litige, peut-être grâce à ce que l'émiettement des intérêts des porteurs de titres rendait ces derniers impuissants à s'en défendre. Mais le débat a été porté deux fois en France devant la Cour de cassation dans des espèces qui différaient, il est vrai, pour l'étendue de la période d'amortissement. Les solutions qu'il a reçues sont d'une haute importance, à raison surtout du préjugé qui en résulterait, le jour où, le cours des obligations à 3 0/0 venant à dépasser le pair, un nombre infini de patrimoines se trouverait menacé de subir la même diminution de ses revenus.

Le département de la Haute-Vienne, après avoir émis en 1870 des obligations remboursables, dans l'espace de vingt ans, par tirage au sort dont le premier devait avoir lieu le 1er juill. 1872, avait, par une délibération du Conseil général, avancé l'époque de ce premier tirage, auquel il avait été procédé le 30 déc. 1871. Un porteur de titres désignés par le sort pour être remboursés contestait la validité de cette mesure dont la conséquence était d'arrêter la production des intérêts de sa créance. Après avoir, par un arrêt du 10 août 1876 (S. 77. 1. 13), affirmé la compétence judiciaire, la Chambre civile, statuant sur le fond le 20 juill. 1879 (S. 80. 1. 109), a déclaré que la matière était régie par l'article 1187 du Code civil, d'après lequel le terme est présumé stipulé en faveur du débiteur, à moins qu'il ne résulte de la stipulation ou des circonstances qu'il a été convenu en faveur des créanciers; et qu'en ne reconnaissant pas que tel fût l'état des faits de la cause, la Cour d'appel s'était livrée à une appréciation souveraine, entraînant pour le département le droit d'anticiper sur le terme arrêté pour sa libération.

De son côté, la Compagnie des chemins de fer de l'Est avait, de 1852 à 1856, émis des obligations productives de 25 francs d'intérêts et remboursables à 650 francs, par tirages échelonnés dans une période de quatre-vingt-quinze ans. Le cours de ces valeurs ayant dépassé le pair, la société crut pouvoir imposer aux porteurs le choix entre le remboursement immédiat et la réduction du taux des intérêts. Elle rencontra la résistance d'une grande Compagnie d'assurances, qui, possesseur de plusieurs milliers d'obligations, gagna son procès plaidé par Mᵉ Waldeck-Rousseau devant le tribunal de la Seine et la Cour de Paris. La Chambre des requêtes rejeta le pourvoi, le 11 avr. 1896 (S. 97. 1. 481), mais en se maintenant sur le même terrain de l'article 1187, c'est-à-dire en laissant aux juges du fait le pouvoir souverain d'interpréter les accords des parties et d'apprécier les circonstances de manière à faire tomber, ainsi que le permet la loi, la présomption que de prime abord elle établit en faveur du créancier.

La décision de la Chambre civile en faveur d'une administration publique est assurément irréprochable au point de vue de l'application de l'article 1187 ; on peut seulement être surpris que la cour d'appel n'eût pas fait plus de cas de la doctrine des auteurs (Larombière, t. III, p. 278 ; Aubry et Rau, t. IV, p. 90) qui sont si près de considérer la stipulation d'intérêts comme suffisante en principe pour que le bénéfice du terme soit considéré comme assuré au créancier. Dans la seconde affaire, la Chambre des requêtes, ayant en face d'elle une société de commerce, aurait pu donner une portée plus grande à son arrêt, en déclarant, comme l'avait fait dans un cas semblable la Cour de Nancy le 10 juill. 1882 (S. 83. 2. 237), que des obligations souscrites par un négociant ne comportaient pas plus d'anticipation que de retard sur le terme convenu pour leur exécution.

N'est-il pas permis, d'ailleurs, d'opposer à l'un et à l'autre des deux arrêts, comme plus profondes et plus exactes, les vues de ceux du 10 août 1863 (S. 63. 1. 428) et du 18 avr.

1883 (S. 83. 1. 361), d'après lesquels les emprunts amortissables par tirages échappaient aux règles du contrat de prêt, à raison de leur participation au caractère d'une opération aléatoire? Était-il difficile d'en conclure, comme l'a fait la Cour de Toulouse le 7 déc. 1897 (S. 98. 2. 78), que les chances de cette opération demeuraient immuables en dépit des circonstances changeantes qui pouvaient en déplacer le profit, la faillite des débiteurs étant seule susceptible d'arrêter le cours de l'opération parce qu'elle rendrait en fait impraticable la combinaison sur laquelle avait porté le contrat? S'il était vrai que la matière donnât lieu à l'application de l'article 1187, comment ne serait-elle pas régie de même par l'article 1692, auquel on a jugé qu'échappaient, comme contrat *sui generis*, les émissions d'obligations à prime dont nous nous occupons?

A la vérité, rien ne donne à penser que la Cour de Paris, à laquelle aboutit en général tout le contentieux des grandes sociétés, puisse, dans des circonstances qui ont été sensiblement les mêmes, chaque fois que ces sociétés faisaient appel au crédit, se départir plus tard de la jurisprudence inaugurée par sa décision notable du 28 nov. 1895. Mais on a vu par l'exemple cité plus haut des diversités de jugements auxquelles a donné lieu la liquidation des chemins de fer du Rhône, qu'à la faveur de l'article 420 du Code de procédure civile les conséquences non seulement d'emprunts similaires, mais d'un même emprunt, sont parfois susceptibles d'être déférées à des juridictions différentes et de n'y être pas uniformément appréciées. Il est à regretter que, dans des éléments d'une question dont l'intérêt est si considérable, la Cour de cassation n'ait pas cru pouvoir dégager un point de droit donnant matière à un arrêt de principe dont le respect s'imposât à tous les tribunaux.

X

Quelque publicité que reçoivent les tirages, il est avéré que de nombreux intéressés n'ont pas les moyens d'en consulter les listes, et continuent de présenter leurs coupons à l'encaissement, ne se doutant pas que leur créance, devenue exigible en principal, ait cessé d'être productive d'intérêts. Des administrations, soit pour s'éviter la peine d'une vérification aisée pour elles, soit pour conserver la jouissance de fonds exonérés de toute charge d'intérêts, ont adopté la pratique de payer ces coupons sans observations, mais d'en imputer le montant sur le capital remboursable, de telle manière qu'au bout d'un certain nombre d'années l'obligataire éprouvât la pénible surprise d'avoir épuisé son fonds, tandis qu'il croyait vivre de son revenu, ou même de se trouver exposé à des répétitions, si on lui avait payé par erreur plus qu'il ne lui était dû.

S'il y a, dans beaucoup de cas, une extrême difficulté pour les obligataires à se tenir au courant des tirages qui se poursuivent, il leur est absolument impossible de s'assurer, quand ils acquièrent leurs titres, que les numéros qui leur sont livrés n'ont pas été appelés dans un tirage antérieur, peu d'établissements prenant le soin de publier, avec les résultats de chacune de ces opérations, la liste des titres précédemment désignés par le sort dont le remboursement n'a pas encore été demandé. Sans doute il y aurait lieu de ce chef à un recours contre le vendeur; mais comment l'exercer, aussi longtemps que la sécurité de l'acheteur est entretenue par le paiement régulier des coupons?

Lorsque ce procédé des émetteurs d'emprunts amortissables a été dénoncé au Sénat par un amendement de l'honorable M. Poirier, devenu l'article 70 ajouté à la loi de 1867 sur les sociétés par celle du 1er août 1893, pas une voix ne s'est élevée pour défendre, au point de vue moral, le procédé dont les obligataires étaient ainsi victimes, ni pour prétendre que les compagnies trouvassent une excuse dans les complications qu'entraînerait pour elles le devoir de ne payer les coupons qu'à bon escient, puisque déjà la loi du 15 juin 1872 n'avait pas craint de les astreindre à en vérifier les numéros pour s'assurer qu'ils n'étaient point frappés d'opposition.

La Cour de cassation, qui se rend juge du caractère de faute imputable attaché ou dénié par les tribunaux aux actes déférés à leur examen, n'avait donc aucun effort de raisonnement à faire pour couper court à un pareil abus, dont il n'aurait été que juste de déterminer la cause comme résidant d'une manière exclusive dans un véritable quasi-délit commis par les administrations. La chambre civile en a jugé autrement par ses arrêts du 29 juill. 1879 (S. 80. 1. 109) et du 13 mai 1889 (S. 91. 1. 17), rejetant sur les porteurs des titres l'entière responsabilité d'une erreur qui de leur part était si excusable, tandis que les payeurs faisaient preuve, pour ne rien dire de plus, d'une extrême négligence, peu susceptible de donner ouverture en leur faveur à la répétition de l'indû. Il est remarquable que, tout en paraissant, dans ces décisions, apprécier la situation faite aux particuliers comme parfaitement normale et conforme au droit, la Cour, appelée à donner son avis sur le projet de réforme du régime des sociétés, demandait aux pouvoirs publics de remédier à un état de choses qu'avec des visées plus larges, il aurait dépendu d'elle-même de faire cesser, suivant l'opinion de tous les auteurs, résumée dans un travail très substantiel de M. le professeur Chavegrin, inséré au recueil de Sirey sous l'arrêt de 1889.

La chancellerie resta sourde à cet appel, et il fallut l'initiative d'un membre du Sénat pour saisir à nouveau cette haute assemblée de la question, bien qu'elle l'eût déjà précédemment tranchée contre les compagnies par l'article 31 du projet adopté par elle le 20 nov. 1884 (Lyon-Caen, t. II, n° 652 *bis*). Bien plus, le commissaire du gouvernement, magistrat d'un esprit éminemment distingué, y combattit la proposition de M. Poirier, qui, selon lui, devait être illusoire, parce que les établissements financiers exigeraient des porteurs de coupons la reconnaissance qu'ils avaient consulté des listes de tirage, et l'engagement de restituer les sommes qui seraient reconnues leur avoir été versées indûment. « Je mets en fait, disait M. le conseiller d'État Fal-« cimaigne, qu'il est absolument impossible d'affirmer « qu'une telle stipulation présente un caractère permettant « de l'exclure et de la déclarer illicite ».

L'article 70 de la loi fut cependant voté, dans la pensée bien évidemment qu'on faisait une œuvre sérieuse, et que le sentiment d'honnêteté qui le dictait, le besoin si général qui le réclamait ne seraient pas empêchés d'avoir satisfaction par une clause de style à laquelle le public serait contraint de se soumettre, encore qu'elle ne tendît qu'à paralyser les intentions bienfaisantes du Parlement. Le pacte dont il s'agit est assurément légitime pour les intermédiaires qui ne font que prêter leurs offices aux créanciers en avançant à ceux-ci le montant de leurs revenus, sous la réserve, familière aux banquiers, d'encaissement. Mais de la part des débiteurs eux-mêmes, il ne semble pas douteux qu'une telle stipulation ne fût interdite par l'article 6 du Code civil comme faisant échec à un statut dont le caractère d'ordre public ressort assez manifestement de la nature du très vif mouvement d'opinion ou plutôt de conscience qui s'est produit à ce sujet dans le Sénat. Et aux débiteurs il y a lieu d'assimiler complètement, sous ce rapport, les institutions financières assumant le rôle de représentants d'États étrangers ou de sociétés étrangères comme préposés en France au service de leurs emprunts.

Alors même que l'article 6 du Code civil ne paraîtrait pas applicable à ce cas, on serait conduit au même résultat par le principe incontesté, dit M. Lyon-Caen (t. II, n° 662), que nul ne peut par convention se décharger à l'avance des conséquences de son dol ou de sa faute lourde. Comment contester la gravité de la faute des débiteurs, aujourd'hui surtout qu'en se dispensant de vérifier le cours des intérêts, ils manqueraient à un devoir qui leur est taxativement imposé par la loi ?

La dette des intérêts se prescrit, en vertu de l'article 2277, par cinq ans à partir de l'échéance de chaque coupon ; celle du principal ne s'éteint, en vertu de l'article 2262, que par un laps de trente ans depuis la date du jour où le remboursement est devenu exigible. Certaines sociétés, non contentes d'entretenir des obligataires dans l'ignorance de l'appel de leurs titres au remboursement, en continuant à payer des coupons d'intérêts jusqu'à l'épuisement du capital, ont imaginé d'exploiter plus largement encore cette ignorance, par une clause de déchéance abrégeant, pour l'exercice des droits des créanciers, les délais impartis à ces derniers par la loi.

De pareilles stipulations sont-elles permises dans les emprunts? Je n'hésite pas à croire que non. Aux termes de l'article 2223, on ne peut d'avance renoncer à la prescription : s'il résulte de là qu'un débiteur ne peut se soumettre à rester tenu de son obligation, bien que le créancier demeure dans l'inaction au delà du délai que la loi lui accorde pour l'exercice de son action, il n'y a pas lieu sans doute d'en conclure d'une manière absolue que de son côté le créancier ne soit pas libre de consentir à l'abréviation de ce délai, quand il y a un motif honnête et sérieux à la convention.

Il a été ainsi jugé que dans les polices d'assurances, il était permis de limiter le délai passé lequel les victimes de sinistres seraient déchues du droit de produire leurs demandes d'indemnité (Cass., 25 oct. 1893, S. 94. 1. 361) ; et qu'également dans les contrats de transports, les parties étaient libres de déroger, non pas à l'article 105 du Code de commerce qui l'interdit expressément, mais à l'article 108, en réduisant à moins d'un an la durée du recours pour avarie ou retard susceptible d'être exercé contre le voiturier (Cass., 4 déc. 1895, S. 96. 1. 113). Cela tient à ce que, pour l'assureur de même que pour le voiturier, il s'agit d'engagements subordonnés à des faits qu'ils ne connaîtront que par la dénonciation qui leur en sera donnée, et dont ils ont un intérêt légitime à être informés en temps utile pour être en mesure d'en vérifier les circonstances comme éléments souvent contestables de la responsabilité invoquée contre eux. Mais les décisions qui, sous ce rapport, font bénéficier les compagnies d'assurance et de transport du principe de la liberté des conventions réservent le cas d'atteinte à l'ordre public et aux bonnes mœurs qui ne me semblent pas souffrir qu'une société débitrice, par suite d'emprunts amortissables, connaissant parfaitement le résultat de ses tirages et les numéros des titres appelés au remboursement, tandis que très souvent ses créanciers les ignorent, ait pu, même avant la loi de 1893, abuser de cette ignorance, surtout après l'avoir elle-même entretenue par la continuation du service des coupons, pour se libérer au moyen de clauses de déchéance dérogatoires au terme légal de la prescription dont le respect ne lui eût causé aucun grief, l'inaction du créancier n'ayant pour effet que de lui laisser la jouissance d'un capital affranchi, dans ses mains, de toute charge d'intérêts.

Dans l'espèce d'un pourvoi qui a été rejeté par la Chambre civile le 14 janv. 1890 (S. 91. 1. 17), la société du Crédit foncier russe, après avoir payé pendant dix ans les intérêts d'obligations sorties aux tirages, s'était prétendue libérée par une clause imprimée au verso des titres d'après laquelle, passé ce délai, il y avait prescription à son profit. La Cour de cassation ne s'est point basée, pour maintenir la décision qui consacrait cette thèse, sur une appréciation des lois russes sous le régime desquelles aurait été souscrit l'emprunt. Les motifs dont s'appuie l'arrêt s'appliqueraient tout aussi bien au fait d'une société française, et vont jusqu'à donner lieu de se demander si la compagnie n'aurait pas été reçue à porter plus loin ses avantages en répétant le montant des coupons qu'elle avait payés sous réserve de restitution.

Bien que ni ces réserves, ni les clauses de déchéance anticipant sur la prescription libératoire ne tombent expressément sous la censure de la loi de 1893, il est à croire que sans l'influence de cette loi, destinée à réagir contre les exactions auxquelles étaient soumis les obligataires, la jurisprudence se montrera, le cas échéant, moins indulgente pour certains abus qu'elle aurait eu le pouvoir d'arrêter dès le début, ainsi que l'a fait ressortir avec beaucoup de force, sur les arrêts précités des 13 mai 1889 et 14 janv. 1890, une excellente dissertation de M. le professeur Chavegrin.

COTELLE.

www.ingramcontent.com/pod-product-compliance
Ingram Content Group UK Ltd.
Pitfield, Milton Keynes, MK11 3LW, UK
UKHW020127080726
13614UKWH00005B/2079